AF338329

ESCHANTILLON
DE L'ADMIRABLE
GRAMMATOSOPHIE.

Par laquelle sans estudier, pourueu qu'on sçache lire & escrire, on composera soudainement en latin & françois, lettres secrettes ou intelligibles à tous, necessaire sur tout aux ieunes escolliers & à tous ceux qui escriuants à leurs amis ne veulent pas estre descouuerts.

PAR M. FRANCOIS DE
Douchy Senonois.

A PARIS,

Par Toussainct Boutellier, Imprimeur demeurant à la ruë S. Nicolas du Chardonneret.

Auec Priuilege du Roy.

AV LECTEVR SALVT.

Amy lecteur, pour le soulage-
ment des ieunes, & tendres
esprits, qui se descouragent
estans contraincts de fouler
les picquantes espines de la
Grammaire, en si grande obscurité incer-
titude, & confusion qu'elle est, i'ay faict
par tables alphabetiques vne description
vniuerselle de cest Art, pour ce appellée
admirable Grammatosophie, par le moyé
de laquelle fort promptemét, & sans mai-
stre, sinon que pour quelques iours, ils
composeront congruëment en latin, &
escriront aussi à leurs amis lettres secrettes,
& latines: voire mesme apprendront en se
ioüant tout ce qui cócerne l'art de Grammaire: Ny plus ny moins qu'en vn mo-
ment on voit toutes les singularitez du
monde, regardant seulement les cartes

Cosmographiques. Mais ie n'ay vou-
lier ce mien ouurage, que premierement
ie n'aye veu par cest Eschantillon tiré de la
Syntaxe en douze reigles, seulement si m...
trauailleur sera aggreable; Que s'il ne l'est
pas, ie n'empesche qu'ils n'enuieillissen[t]
dans les labyrinthes de la pouilleuse Gri-
mauderie.

ESCHANTILLON

DE L'ADMIRABLE

GRAMMATOSOPHIE.

Et premierement.

DES XXIIII. INTERPRETATIONS
de chascune partie declinable.

POVR tourner prompte-
ment le theme françois en
latin, faut bien remarquer
les articles ; car elles nous
monstrent les cas, & les gé-
res des parties declinables, qui en françois
n'ont que deux terminaisons, l'yne au singulier, l'autre au plurier, lesquelles sont di-
stinguez par le seul article, qui est ou mas-
culin ou fœminin seulement en vulgaire,
& qui plus est d'iceux naissent les xxiiij.

A iij

ESCHANTILLON DE

interpretations ou variations des parties declinables, & latines en françois.

ARTICLES SPECIALLES.

	Masculin.	Fœminin.
N.	Le hic, hoc.	la hæc.
G.	Du huius.	de huius.
D.	Au huic.	á huic.
A.	Le hunc hoc.	la hanc.
V.	O.	O. O.
A.	Par. de. du. la. le.	

ARTICLES GENERALLES.

	Masculin.	Fœminin.
N.	Les hi. hæc.	Les hæ.
G.	Des horum.	Des harum.
D.	Aux his.	Aux his.
A.	Les hos. hæc.	Les has.
V.	O. O.	O. O.
A.	Par. des. les. ab his.	Ab his.

DIX-NEVF SENTENCES POVR

seruir d'exemple, & pour composer en latin
congruement sans auoir iamais estudié.

A.	Adolescent.	A.	Adolescens.
B.	Babillard.	B.	Blatero.
C.	Caloniateur.	C.	Calomniator.
D.	Deceueur.	D.	Deceptor.
E.	Errant.	E.	Errabundus.
F.	Faulsaire.	F.	Falsarius.
G.	Gromeleux.	G.	Gannitor.
H.	Hebeté.	H.	Hebes.
I.	Idiot.	I.	Idiota.
L.	Larrron.	L.	Latro.
M.	Magicien.	M.	Magus.
N.	Negotiateur.	N.	Negotiator.
O.	Ouurier.	O.	Operarius.
P.	Parricide.	P.	Parricida.
Q.	Questeur.	Q.	Quæstor.
R.	Roitelet.	R.	Regulus.
S.	Superbe.	S.	Superbus.
T.	Taquin.	T.	Tenax.
V.	Vainqueur.	V.	Victor.

A.		Ambitieux.	A.		Ambitiosus.
B.		Barbare.	B.		Barbarus.
C.		Capricieux.	C.		Capitosus.
D.		Damnable.	D.		Damnabilis.
E.		Execrable.	E.		Execrabilis.
F.		Fallacieux.	F.		Fallax.
G.		Gemissant.	G.		Gemens.
H.		Horrible.	H.		Horridus.
I.	Qui est	Imbecille.	I.	Qui est	Imbecillis.
L.		Languard.	L.		Linguax.
M.		Mauuais.	M.		Malus.
N.		Negligent.	N.		Negligens.
O.		Odieux.	O.		Odiosus.
P.		Petulant.	P.		Petulans.
Q.		Querelleux.	Q.		Querulus.
R.		Rigide.	R.		Rigidus.
S.		Seuere.	S.		Seuerus.
T.		Temeraire.	T.		Temerarius.
V.		Vehement.	V.		Vehemens.

A. Arro-

A.	Arrogant.	A.	Arrogans.
B.	Billieux.	B.	Biliosus.
C.	Cault.	C.	Callidus.
D.	Diabolic.	D.	Diabolicus.
E.	Espouuétable.	E.	Expauescĕd⁹.
F.	Faux.	F.	Falsus.
G.	Glorieux.	G.	Gloriosus.
H.	Horrible.	H.	Horribilis.
I.	Inconstant.	I.	Inconstans.
L. Et Leger.		L. Et Leuis.	
M.	Mensonger.	M.	Mendax.
N.	Nugateur.	N.	Nugigerulus.
O.	Offensant.	O.	Offendens.
P.	Pestilent.	P.	Pestilens.
Q.	querimonieux.	Q.	Queribudus.
R.	Reprehensible.	R.	Reprehĕdĕd⁹.
S.	Seditieux.	S.	Seditiosus.
T.	Terrible.	T.	Terribilis.
V.	Vitieux.	V.	Vitiosus.

A. Amerement.   A. Acriter.
B. Barbarement.   B. Barbarè.
C. Capricieufemét.   C. Capitòsè.
D. Diaboliquemét.   D. Diabolicè.
E. Execrablement.   E. Execrabiliter.
F. Faulfement.   F. Falsò.
G. Generalement.   G. Generaliter.
H. Horriblement.   H. Horrificè.
I. Inconftamment.   I. Inconftanter.
L. Legerement.   L. Leuiter.
M. Malicieufement.   M. Malitiosè.
N. Negligemment.   N. Negligenter.
O. Odieufement.   O. Odiosè.
P. Petulamment.   P. Petulanter.
Q. Quatrefois.   Q. Quater.
R. Rigoureufemét.   R. Rigidè.
S. Scienment.   S. Scienter.
T. Temerairemét.   T. Temerè.
V. Vitieufement.   V. Vitiosè.

A.	Abaſtardit.		A.	Adulterat.
B.	Blaſme.		B.	Blaſphemat.
C.	Calomnie.		C.	Criminatur.
D.	Defigure.		D.	Defigurat.
E.	Efface.		E.	Expungit.
F.	Farde.		F.	Fucat.
G.	Gourmande.		G.	Glutit.
H	Haït.		H.	Habet odio.
I.	Infecte.		I.	Inficit.
L.	Laiſſe.		L.	Linquit.
M.	Macule.		M.	Maculat.
N.	Neglige.		N.	Negligit.
O.	Obſcurſit.		O.	Obſcurat.
P.	Proſterne.		P.	Proſternit.
Q.	Quadruple.		Q.	Quadruplicat.
R.	Reijecte.		R.	Reijcit.
S.	Subuertiſt.		S.	Subuertit.
T.	Tranſgreſſe.		T.	Tranſgreditur.
V.	Viole.		V.	Violat.

A.		Amitié.	A.		Amicitiam.
B.		Bonté.	B.		Bonitatem.
C.		Charité.	C.		Charitatem.
D.		Deuotion.	D.		Deuotionem.
E.		Excellence.	E.		Excellentiam.
F.		Fidelité.	F.		Fidem.
G.		Grace.	G.		Gratiam.
H.		Honneſteté.	H.		Honeſtatem.
I.		Induſtrie.	I.		Induſtriam.
L.	Toute.	Loüange.	L.	Omnem.	Laudem.
M.		Mediocrité.	M.		Mediocritatē.
N.		Nature.	N.		Naturam.
O.		Oblectation.	O.		Oblectationē.
P.		Patience.	P.		Patientiam.
Q.		Qualité.	Q.		Qualitatem.
R.		Raiſon.	R.		Rationem.
S.		Sageſſe.	S.		Sapientiam.
T.		Temperance.	T.		Temperantiā.
V.		Vertu.	V.		Virtutem.

BELLE INSTRVCTION

POVR PVISER LES MOTS FRAN-
COIS DANS LES DICTIONNAIRES,
& tout aussi tost par le moyen de nostre
Grammatosophie, les lier ensemble
pour en faire l'oraison latine & congruë.

DANS les Dictionnaires toutes
les parties declinables se trouuent au nominatif singulier,
De maniere qu'il ne faut que
les sçauoir chercher, puis vis à vis d'icel-
les, vous trouuerrez le latin que cher-
cherez à l'instant au Dictionnaire qui
commence par ledit latin, apres lequel vous trouuerrez par mesme moyen
de quel genre est chascun nom, & esplu-
chant tous leurs autres accidents par nos
tables de l'admirable Grammatosophie,
vous toucherez au doigt auec vn merueil-
leux contentement, comme il conuient
les lier auec les autres parties, pour en faire

vne oraison latine aussi congruë, comme
si vous auiez estudié cent ans.

Et apres ces parties declinables, vous
puiserez dans vosdits Dictionnaires les autres mots tout ainsi qu'ils seront en vostre
theme, & apperceurez au mesme en-
droict le latin, pour lequel adgeancer &
& lier, iettez vos yeux sur nostre Syntaxe, &
vous toucherez au but.

La plus grande difficulté est aux verbes
qui regissent deuant, & apres particuliere-
ment, & ne se trouuent dans les Dictionnaires qui commencent par le françois
qu'à l'infinitif qui a quatre terminaisons.

La premiere, se termine en Er long, comme aymer, frapper, donner.

La seconde, en ouïr, comme veoir, &
pouuoir.

La tierce, en re brief, comme dire, battre,
cognoistre.

La quatriesme, en ir, comme fuir, iouïr,
gaudir.

D'où il est manifeste que l'infinitif est
quasi l'origine de toutes les parties du ver-
be, attendu mesme qu'en langue latine, il
est indice de la coniugaison.

Or si tost que vous aurez trouué ledict
infinitif latin dans voftre Dictionnaire,
changez la terminaison d'iceluy en O, ou
bien en Or, & vous aurez l'indicatif, lequel
si vous conferez tant en latin comme en
vulgaire auec nos tabls alphabetiques en
tous leurs accidents, soit en l'Etymologie,
ou Syntaxe, vous prendrez la mere au
nid.

EXEMPLE DE CE
QVE DESSVS.

POSE que tu euſſe dans ton theme
françois ou d'autre langage l'vne des
ſuſdictes xix. ſentences par exemple, la
premiere qu'eſt.

L'ADOLESCENT QVI EST
ambitieux, & arrogant amairement
abaſtardit toute amitié.

FEuïllette tō Dictiōnaire & regarde nos
tables, tu trouuerras que toutes les parties declinables côtenuës en icelle, ſe doiuent coucher au nominatif, comme elles
ſont dans ton dict Dictionnaire, excepté
ces mots (toute amitié) qui doiuent eſtre
mis à l'accuſatif.

Pareillement les indeclinablez ſe cou-
cheront dans ton theme, comme elles ſe

trou-

trouuerront dans le Dictionnaire. De sor-
te qu'il n'y a plus que ceste lice de verbes,
qu'ayant trouuez à l'infinitif au Dictionnaire & reduict à l'indicatif, puis conferez
auec nos dictes tables tu trouuerras chan-
geant fort peu de mots au latin de la sen-
tence proposée.

ADOLESCENS QVI EST AMBITIOSVS,
& arrogans scriptor adulterat omnem
rationem scribendi.

QVE si tu examine diligemment cest
eschátillon, tu y trouuerras de grands
secrets.

POVR ESCRIRE LETTRES
secrettes en latin sans iamais auoir
estudié, pour les amoureux.

COVCHE par escrit ce que tu vou-
dras secrettement mander à ton
amie, comme par exemple mande luy ce
que s'ensuit.

C

DONNEZ VOVS GARDE.

Puis cherche dans le premier alphabet latin, des xix. sentences le mot latin qui est au droict de ceste lettre D. qui est la premiere de ta missiue, apres pour la seconde lettre du mesme mot qui est O. cherche au secód alphabet latin au droict de O. & ainsi consecutiuement recommençant au premier alphabet quand tu seras au dernier, & tu trouuerras en latin pour ce françois (DONNEZ VOVS GARDE) y adiouftant les mots qui sont à cofté, tout ce qui s'ensuit.

DECEPTOR qui est odiosus & nugigerulus negligenter expugnat omnem sapientiam.

VICTOR qui est odiosus & vitiosus scienter glutit omnem amicitiam.

REGVLVS qui est damnabilis & expauescendus.

Encores que ce latin soit grossier, tou-
resfois tu pourrois bien estre abbreuué de
pire.

Il faut faire tout de mesme pour escrire
lettres secrettes en françois.

Mais notte qu'il faut que celuy ou celle
à qui tu escris, aye vne coppie
de cest eschantillon.

FIN.

PRIVILEGE DV ROY.

HENRY PAR LA GRACE DE DIEV, ROY DE FRANCE ET DE NAVARRE: A nos amez & feaux, Conseillers les gens tenans nostre Cour de Parlemét à Paris, Roüen, Dijon, Bourdeaux, Preuost de Paris, Seneschal de Lyon, & à tous autres nos Iuges & Iusticiers ou leurs Lieutenans qu'il appartiendra, Salut. Nostre bien amé FRANÇOIS DE DOVCHY Senonois, Nous a faict remonstrer, qu'il s'est estudié de trouuer les moyens de faciliter l'instruction de la Grámaire, tant laine que françoise, dont il a faict & composé vn abbregé & sommaire intitulé. *Eschantillon de l'Admirable Grammatosophie.* Lequel il desireroit faire imprimer, & mettre en lumiere: Mais il doute qu'autre que luy, ou ceux ausquels il auroit donné licence de ce faire, se vousissent ingerer de l'imprimer, le frustrant par ce moyen de ses labeurs & fraiz, qu'il luy conuient employer, s'il ne luy estoit sur ce pourueu de remede conuenable, humblement nous requerant iceluy. Pourquoy nous desirans subuenir à noz subjects selon l'exigence des cas: Auons audict suppliant permis & octroyé, permettons & octroyons de grace specialle par ces presentes, d'imprimer ou faire imprimer, vendre, & distribuer par tout nostre Royaume ledit traicté, sans qu'autres que ledit suppliant, ou ayans droict & pouuoir de luy le puissent imprimer ou faire imprimer, vendre & distribuer iusques au ter-

me de six ans , à compter du iour & datte de l'impreſ-
ſion dudit liuret , & ce ſur peine de confiscation d'iceluy, & d'amande arbitraire , pourueu toutesfois qu'audict liuret ne ſe trouue aucune choſe contre nous, noſtre eſtat,& la religion Catholique Apoſtolique & Ro-
maine ; Si vous mandons , & à chaſcun de vous , enioi-
gnant en droict ſi comme il appartiendra par ces pre-
ſentes, que de noſtre preſent Priuilege & du contenu
en iceluy, vous faictes & ſouffrez ledit ſuppliant, & les
ayans charge de luy, iouyr, & vſer plainement & paiſi-
blement , & à ce faire ſouffrir & obeyr , Contraignez
tous ceux qui pource ſeront à contraindre par toutes
voyes & manieres deuës & raiſonnables : Car tel eſt
noſtre plaiſir ; Nonobſtant quelconques lettres à ce
contraires. Donné à Paris le 28. iour de Septembre, l'an
de grace : Mil ſix cens cinq , & de noſtre regne le dix-
ſeptieſme.

PAR LE CONSEIL,

DE LA HAYE.

Acheué d'imprimer le 5. iour d'Octobre , Mil ſix cens
     cinq.